DEVIL'S PET PEEVES

# 惡魔討厭的事

大川隆法
Ryuho Okawa

台灣幸福科學出版有限公司

# 前言

為了配合預計在二〇二〇年五月十五日，於全日本上映的電影「心靈咖啡館的驅魔師」，我決定將電影中出現的「惡魔討厭的事」集結成冊出版。

現在，自中國爆發的新冠病毒疫情正在全世界肆虐，全世界的確診人數已經高達數百萬，死亡人數也已超過十幾萬，現實當中這個數字將會以幾何級數增加吧！

一百幾十個國家都處於混亂的狀態中，病人救治不暇，甚至連將無法回到天國的死者好好埋葬的餘力都沒有。在那些信奉無神論、唯物論的人們看來，恐怕人死了就像垃圾一樣。然而，現實卻是人們認為短短數十載的肉體人生，才是暫時之姿。人死後靈魂就只有幾條路可走，不是上天界，就是下地獄，要不就是執著於這個世間成為地縛靈。

今天早上的報紙寫著，日本政府宣布全國進入緊急狀態。那些執著於地位、名譽、學歷、財產、異性、配偶、長子等，想要緊緊抓住世俗之物的人們，剛好淪為惡魔的餌料。

惡魔確實存在，他們正在為他人的不幸而竊喜，並且正磨拳擦掌地，試圖增加同夥之人。

然而，現今做為本佛的佛陀已下生世間。他被耶穌．基督稱為「天父」，在伊斯蘭教中稱之為「阿拉」，在日本神道中稱之為「天御祖神」，在中國稱之為「天帝」的存在。

他的本名是愛爾康大靈，是你們的主。

在本書中，明示了愛爾康大靈所述說的惡魔討厭的三件事。希望讀者精讀一次之後，再反覆閱讀。**本書的內容價值無限，我深切地期望全體國民，以及全世界的人們，都能夠閱讀此書。**

若你不知大救世主已經降臨，那麼現在知道其他事物也沒有意義。凡祈求的，就得著。各位必須領會真實的智慧。

二〇二〇年四月十七日

幸福科學集團創立者兼總裁　大川隆法

# 惡魔討厭的事　目錄

第一章

# 惡魔討厭的事 13

第二章

## 怨靈的產生 41

第三章

## 看破惡魔的真面目之法

第一章

# 惡魔討厭的事

2004 年 10 月 21 日 說法

於幸福科學 特別說法堂

# 1 惡魔是真實存在的

本章我將以「惡魔討厭的事」為主題進行論述。

雖然這是一個有點奇怪的主題，但或許可以認為是「從另一個角度去了解覺悟的實際樣貌」。

一提到惡魔，人們就會聯想到古老的傳說故事，恐怕有許多人都不相信真的有惡魔存在。也許也有人會認為，在光天化日之下對惡魔高談闊論，似乎有點不合常識。

然而，在那個超越了目能所見、耳能所聞的人世間，在那個被稱為

「實在界」的靈性世界中，惡魔儼然是存在的。

所謂實在界，換言之就是「心的世界」。那是一個人內心當中所能想像描繪出來的東西，全都能真實存在的世界。

也就是說，如果在人心之中有著名為惡魔的存在，那麼在實在界當中，惡魔也將化為實體存在。

若是各位能夠抱持著奉獻之心，像天使一般地生活的話，那麼在實在界當中亦有天使的存在。與此相同，各位的心境能變成如小說等文學作品當中的惡魔心境，並且不只是你一個人抱持如此心境，甚至其他人也是如此的話，那麼，就不得不說在死後的世界肯定存在著惡魔。

此外，這不是抽象層面的話題，做為現實的問題，在我感知到的靈性範圍內，確實存在著惡魔。

「在這世上，有好人也有惡人」，如果我們普遍認同這種區分方式，那麼，可以說惡魔就是具有惡人心態的存在。而且那是在這些惡人之中，想法特別毒辣，惡質之人。

那是一種「想要積極作惡，欲將惡推而廣之的心態」、「有意讓他人落入陷阱，將人誘入邪途的心態」，而且還是一種「想要擴張邪惡」的心態。

所謂惡魔的存在，從兩千年前、三千年前，或者從更久遠的年代得以綿延至今的理由，就是「人心之中，能夠描繪出那般存在出來」。

換言之，「當伴隨人類本質的自由性，往破壞性的方向實現時，做為惡的極致的惡魔就會出現」。

## 2 惡魔發生的原因

本章的主旨，並非想積極地論述有關惡魔的存在。

我反倒是希望想要更個別、具體地針對人心進行闡述，告訴人們惡魔喜歡哪一種心態，若是能夠努力避免出現那般心態，自己即能避免成為惡魔，亦不會成為惡魔擴張地盤的助力。

根據我的觀察，惡魔發生的原因終究在於，人所具有的「自我」與「行使自我的自由」。

所謂自我，是人打從出生，從小孩成長為大人的過程中所萌發而生的東西。那是一股意識到自己、愛自己、疼惜自己，試圖讓自己存在於這個世界的力量之一。

人之所以生於世間，是為了獲得個性。為了在這一世的人生裡，讓被稱作現在名字的這個人獲得個性。也因此，「所謂『自己』的存在能立足於世間」這件事本身，就已經非常了不起，這也是人生的目的。

但是，在成就「自己」的過程中，若是追求與神佛之心相反的自我形象，或者在擴大自己的過程中，抱持著妨礙他人追求幸福權利的人生態度，那麼就會為自己帶來危險。甚至可以說，這就是惡發生的根源。

眾多人們，一方面自由地形成各自的個性，一方面又不妨礙他人，與他人和諧共生，抱持創造出大和諧的人生態度非常重要。

# 3 惡魔討厭的事①
# 正直誠實、不說謊的人生態度

**對惡魔來說，正直誠實、不說謊的人是想要避而遠之的存在**

那麼具體來說，惡魔討厭何種心態、想法、人生態度、行為呢？

若能明確列出惡魔討厭之事，那麼這就能變成以成為如來、天使為目標的指針，更甚至於表現出「覺悟」的性質。

那麼，接下來我將闡述至今為止在我所觀察到的範圍內，惡魔對何感到厭惡。

說到惡魔討厭什麼樣的人，第一種類型即是「正直誠實的人」、「不說謊的人」。

活得正直、不說謊的人，從惡魔來看，是想要避而遠之的存在，是無法與其成為朋友的「討厭之人」。

換言之，和此人在一起會感覺到很難過。和正直又不說謊的人一起生活，惡魔會感到痛苦的不得了。

正直又不說謊的人，就好比是一面「擦得光亮的鏡子」。當惡魔靠近這樣的人，鏡子就會映照出自己的醜陋之姿，會感到非常地厭惡。

惡魔非常喜歡剛好相反的人，也就是會說謊、欺騙、胡謅類型的人。假如是這樣的人，惡魔便能夠與其成為朋友。鏡子當中的自己，彼此都是醜陋的心、醜陋的樣子，彼此的性質都是「只要不被他人發現，就能做壞事」，因此能夠結交成朋友。

然而，只要和正直、不說謊的人在一起，就會被那擦得光亮的鏡子，映照出自己醜陋的樣子，所以會感到非常地厭惡。

因此，若是想和惡魔切斷關係，首先就要以抱持不說謊的正直人生態度為目標。

## 若察覺到自己「犯錯了」，就要馬上進行反省

若是說了謊話，騙了自己、騙了別人，抱持著錯誤的人生態度時，就必須徹底地反省。對於自己犯下的過錯，必須得進行反省。

這就相當於擦拭模糊不清的鏡子的行為。假如鏡子變得模糊，就無

法映照出真正的樣貌。

雖然表面上說著「我不會說謊，一輩子都過得正直」，但人往往難以辨得到。若是察覺到「自己犯了錯」，感覺到靈魂的痛苦，就要深切地加以反省。如此一來，從結果而言，就等於「活得正直、不說謊言」。

就算能夠騙得了別人，但至少騙不了自己。正直地活於自己的真實之心、良心是很重要的。

# 4 惡魔討厭的事② 踏實努力的勤勉人生態度

## 惡魔希望增加「怠惰、偷懶的同伴」

接下來，惡魔討厭的第二種類型的人，即是「勤勉之人」。那些「勤勉努力的人」、「不管他人有無看見，都踏實努力的人」，惡魔都相當地討厭。

惡魔非常在意他人的目光。他們在他人看得到的地方，經常會展現出一副努力的樣子，然而他們內心卻認為「在人看不見的地方還繼續努力，真是太笨了」。

他們在他人看得到的地方，本來也是想要怠惰、偷懶，但又礙於不喜歡被人們認為自己在偷懶，所以他們會盡可能地拉人一起偷懶。

只要其他人也偷懶的話，那麼自己的行為就不會那麼顯眼了。然而，要是只有自己一個人偷懶、怠惰的話，就容易被周遭之人發現，進而出現眾多說自己壞話的人。也因此，他們會抱持著盡量增加同伴數量的想法。

前文中我所提到的第一點，就是「惡魔討厭正直誠實、不說謊的人」。而第二點，則是惡魔討厭「勤勉之人、踏實努力之人」。

這些人對惡魔來說，是打從根本的討厭。在惡魔眼裡，他們總是在保養著可以打擊自己的武器。這些人讓惡魔感到「磨刀霍霍，光可鑑人」，隨時都在研磨著可以擊退自己的武器。

刀如果變鈍、生鏽，就無法斬斷物體。此外，如果不是金屬刀，而是竹刀的話，也無法砍人。

畢竟，讓人們難以分辨正邪、善惡，對他們來說比較容易生存，所以他們很討厭拿著能夠區分出善惡的「刀」的人。

惡魔非常厭惡不分任何時刻都勤勉、踏實努力的人。

如此勤勉之人，亦是會將「珍惜佛神所賦予自己的一生」的人。此人會心想「我要好好地運用這輩子難能可貴的人生時間，自己鮮少能轉生於世間，務必要充實自己的人生，留下好的結果」，這是一個心地良善的人。

惡魔就是會很討厭這樣的人。

## 踏實努力、認真的人，會發出後光

惡魔的內心充滿了這樣的想法：「盡量得過且過，能拖就拖，降低效率。不做重要的事，能逃則逃，能偷懶就偷懶。」

這就是「惡魔的陷阱」。

惡魔欲欺騙想偷懶的人，讓他們落入圈套，其實非常簡單。

被捲入犯罪事件的人，大多是這樣的人。惡魔會用甜言蜜語去哄騙想投機的人。此外，在聚集了好吃懶做之人的場所，也常會發生犯罪行為。

認真勤勉努力之人，不容易發生犯罪，但對於那些想不勞而獲、偷懶打混的人，惡魔很容易就設下圈套。

由於踏實努力、認真的人，會發出後光，所以對惡魔來說，簡直討厭到無以復加。

惡魔想要和懶惰者、作惡之人、得過且過之人為伍。用「過著醉生夢死的人生之人」來稱呼他們也不為過，那些浪費、破壞自己人生的人、好吃懶做的人，差不多就是惡魔的朋友。

# 5 惡魔討厭的事③開朗積極的人生態度

## 惡魔喜歡陰暗、陰鬱的人

接下來，惡魔討厭的第三種類型的人，是什麼樣的人呢？

前文中我講述到惡魔討厭的第一種人是「正直誠實、不說謊的人」。

第二種人則是「勤勉之人、踏實努力之人」。

那麼，第三種人即是「開朗積極地思考的人」、「無論面臨何種苦難和困難，都試圖找到自己可能性的人」。

抱持以上心靈傾向，經常以如此方式去思考的人，就是惡魔討厭之人。

惡魔喜歡內心陰暗，性格陰鬱之人。總是悲觀地抱怨「自己沒出息、自己的前途一片黑暗、自己的人生沒有希望」的人，惡魔想要和這樣的人成為朋友。

相反地，無論是在下雨之日，還是颳風之日，都能抱持和在晴天一樣的心境而過的人，就是惡魔感到棘手的人。

有人一下雨就想藉故偷懶，或者是情況對自己不利、頂著逆風，或是出現讓自己的學習或工作喪失幹勁之事時，自己就會像是期待已久一般，立刻就會將其做為把人生變得灰暗的道具。這樣的人，對於惡魔來說，就是最佳的夥伴。

然而，無論多苦，也試圖從中找出可能性，開朗積極努力而過的人，對惡魔來說，就是非常難相處的對象。

## 思考「在現有條件下能完成什麼」

舉例來說，人會遇到「沒有錢」的情況。

在這種時候，如果用「沒有錢，所以我很不幸」的方式去思考，不幸的藉口說要多少就有多少。

「因為沒有錢，所以不能享受美食」、「因為沒有錢，所以不能出去玩」、「因為沒有錢，所以進不了好學校或好的補習班」、「因為沒有錢，所以找不到結婚對象」、「因為沒有錢，所以買不起車」、「因為沒有錢，所以住不上好房子」，如此藉口，要多少有多少。

「正因為沒有錢，所以有做不到的事」，現實確實如此。

不論是誰，都不可能擁有使用不完的財富。但是只要好好工作，獲得他人認同，自然就會獲得相對應的金錢。

「因為沒有錢，所以自己很不幸」嘴裡說著這種藉口的人，或許說得有點極端，那就是「此人深愛著不幸」。

這樣的人總是想著「因為沒有錢，所以自己過得不幸也是無可奈何，是理所當然」，也就是說，此人憎恨著貧窮。

此外，也存在著「人際關係不順利」的情況。

比方說，「交不到朋友」、「父母對自己很苛刻」、「老師對自己不好」、「公司的上司欺負自己」、「公司的同事們排擠自己」、「公司的後輩看不起自己」等等。

就像這樣，由於「人際關係不順利」，此人就可以因為這些事而憎恨、詛咒自己的人生。

或者，當夫妻關係處得不好時，人們常常會說「都是因為先生的關係，所以關係才變得不好」、「就是因為妻子的緣故，所以關係才變得不好」。

關係不好的理由要多少有多少，但是在那樣的情形下，開朗地思考自己能做些什麼才更重要。

「在現有的環境與條件之下，自己能夠做什麼，要如何去對抗」，希望各位讀者能如此思考。

並且，哪怕只有很細微的可能性，也必須要從中找出自己的生存之道、人生之路。

## 鼓起勇氣，思考「能否再多努力一點」

或許很多人會問「在這樣的狀況下，要如何才能變得開朗？要如何才能變得積極？變得陰暗消極難道不是理所當然的嗎？」

只不過，那樣子的人，應該就是所謂的「凡人」。

這就正好與「河水從上游流往下游，所以只要身在河裡，不就自然會隨波逐流？」的論調相同。

但是，河裡的魚，並不全都是從上游往下游移動的吧？

既有保持在同樣位置的魚，也有朝著上游游去的魚。也就是說，逆流而上是可以辦得到的。

正是因為魚兒有著「可以往上游游動，也可以停在某處，也可以往下游游動」的自由，魚兒才有著它們自己的幸福。

如果河裡的魚只能順流而下的話，恐怕河裡就沒有魚了吧？因為魚兒都只能順著河水流入大海。這也就意味著，河裡將變得不會有任何生物。

人生也是一樣的道理，雖然會遇到眾多苦難、困境、對自己不利的情況，但不能因此就認為「自己完蛋了，這是理所當然的」，否則就沒有人會把人生過完吧。

「假如人打從出生就都是順流而下，人生也終將失敗，墮入地獄」，那麼就不得不說出生在這個世間，沒有任何價值。

請各位要鍛鍊自己。

當你感到難過、悲傷、陷於痛苦時，請冷靜下來，試著鼓起勇氣奮起，積極地往前跨出一步。

在你感到「累了」的時候，希望你問問自己「能否再多努力一點」；在你覺得「自己無法解決這個問題」的時候，試著再堅持下去一會兒；在感覺「自己無法再更加努力」的時候，試著再挑戰一次；當你認為「什麼辦法都想盡了」的時候，請試著想想「或許有什麼方法可以另闢蹊徑」。

請不要輕易放棄。

## 釋尊的教義「讓蓮花在污泥中盛開」

所謂惡魔討厭的事，也就是避免成為惡魔同夥的方法，那就是「重視開朗積極的心態」，以及「無論在任何環境中都能找出新的可能性」。

印度的釋尊也曾如此教導過弟子。

釋尊曾說：「不論在垃圾場一樣的地方，或者在污泥當中，也會開出美麗的蓮花。」

怎麼想也不會想到，在像是污泥一般的地方，居然會滿池盛放出潔淨美麗的蓮花，如同極樂世界般的盛景，實在是不可思議。

無論你手中有何種資源、無論你身處何種環境，最為重要的就是，你要如何使自己的人生散發出光芒。
對此，請各位仔細思量。

# 6 度過美麗人生的祕訣

以上，我以「惡魔討厭的事」為題，主要闡述了三種思考方式和心態。除此之外，還有其他很多的想法，但是在本章當中，我不想要說得過於複雜。

歸納本章的結論就是，首先「要抱持著不說謊、正直誠實的人生態度」，其次就是「要踏實努力，勤勉地生活」，第三就是「無論身處任何環境，直到最後都不要放棄希望，抱持開朗積極的人生態度」。

以上幾點，我希望各位能謹記在心。

如此一來，惡魔便離你遠去，天使也會對你露出微笑。

人生，並非只有這一世而已。死後回到靈界，也還是會繼續過著靈魂的生活。

為了往後的靈魂生活，最要的是不要虛度今生今世。要十分愛惜地使用今世的時間，千萬不要虛度。要珍惜受之父母的身體髮膚，不要浪費寶貴的生命。

都是多虧了世間的眾人，自己才能活在這個世界，對此，請心懷感激。

此外，請各位充分去品嘗「佛神賜予自己如此偉大的修行機會」的喜悅，以及「今世能做為人生於這個時代」的喜悅。

這亦是能讓你活出美麗人生的祕訣。

第二章

# 怨靈的產生

2019 年 8 月 9 日 說法
於幸福科學 特別說法堂

# 1 何謂怨靈？

本章的內容，是在盂蘭盆節時期講述。

每到盂蘭盆節的時節，日本全國就會像聲勢浩大的「民族大遷徙」般，在大城市工作的人們會回到自己的家鄉，為祖先掃墓、祭拜祖先。

即便現在傳統習俗稍微淡了一些，但「夏天的盂蘭盆節，冬天的除夕和新年要回老家」的風俗還是保存了下來，而盂蘭盆節也就成為了人們的假期。

雖然本章選擇的主題是「怨靈的產生」，但從某種意義上來說，現代人已經變得非常遲鈍，難以感受到靈性之物。

與過去相比，現在的建築更加堅固，照明讓建築內外都變得明亮起來，夜裡的便利商店也都是燈火通明，以至於像古時候那樣出現幽靈、妖怪的事，已經變得非常罕見。在現代化的潮流下，這些與靈性相關的事物，很多都被忽視了。

所謂的怨靈，即是「人死後，尚有心願未了，更甚至還抱持著某種怨恨、心有不甘，想要表達、想要抱怨之靈」。

在中世紀的文學作品中，經常可看到怨靈的出現，但是在現代即便提起怨靈，人們大多會一笑置之。

雖然夏季的電視節目中，偶爾會播放關於怨靈方面的影片，但在日常生活或職場當中，鮮少會有人們提及這個話題。

# 2 怨靈的體驗

## 極力反對我父母結婚的外婆

關於怨靈，我想以簡單的方式進行描述。

若是用舉出具體的事例，各位應該會比較容易能夠理解，雖然我過去也曾講過類似的話題，但這次是講我自己的親身經歷。

那是我已經具有靈能力之後的事，距今大概有三十五年以上了吧。

當時的我已告別學生時期，進入社會工作，在盂蘭盆節時回了老家。我記得那時，好像是我的外婆剛過世一年左右的第一個盂蘭盆節。

我已經不太記得家母當時有沒有回去祭拜，但可以肯定的是，那時候正是盂蘭盆節。

外婆和我家的關係頗為疏遠，這是因為當年外婆曾極力反對，我的父親善川三朗與母親結婚。

當時，二十幾歲的家父做了三年左右的學校教員，覺得工作無趣就辭了職，跑去搞政治運動。實際上，由於當時家父是個沒有工作又居無定所之人，所以外婆便認為，家父一定是覬覦母親既年輕又有現金收入，所以才想結婚，於是一再地極力反對。

外婆有八個孩子，其中有兩個兒子，其他都是女兒。即便家母從德島縣的川島町嫁到德島市內之後，她的姐姐們都還曾試圖要把家母帶回老家，所以家母和娘家的關係不太好。

只不過，在我父母結婚二十年之後，外婆開始說：「好像川島是女婿裡最成功的一個。」外婆都以「川島」來稱呼我們家。後來因為有我和家兄兩個外孫，外婆和我家又逐漸變為偶爾來往的關係了。

## 外婆似乎擁有著超能力

外婆的講話速度非常快，就連我母親已經是個很能說話的人，一遇上外婆，她還是會陷入無法插話的狀態。外婆會以母親三倍的速度講話，正當母親連一句話都還沒能插進去的時候，外婆就已經說到下一件事去了。

我的外婆去世的並不算早，她一直活到兒女們都長大成人，但是因為她的嘴巴不饒人，所以兒女們都不怎麼喜歡她。後來她輾轉住在各個兒女家，大家輪流照顧她，但因為實在「太麻煩了」，所以最後她沒去養老院，而是直接住進了醫院。

然而，外婆似乎擁有著一些超能力。

由於當時還沒有手機，所以她住在醫院裡的時候，想見哪個孩子，她就會在紙上寫「誰誰誰，來看我」，然後把這張紙撚成一條紙繩子，繫在床邊的欄杆上。

於是乎，被寫上名字的那個孩子就會頭痛難耐，進而意識到「這絕對是老媽在叫我去醫院看她」，於是趕緊前去醫院。結果不出所料，外婆就會對那個孩子說「來了啊」。之後，孩子拜託外婆把這條紙繩解下來，當外婆一解開它，孩子的頭就馬上不痛了。

就像這樣，我的外婆可以隔空召喚孩子們前來。我不知道這是不是一個「好的念力」，但外婆確實能做到這一點。也因此，只要孩子們的頭像是被勒緊一般的疼起來，就會馬上意識到自己被外婆呼喚了。

因為曾經聽過這樣的故事，所以我覺得外婆真的多少具有那樣的資質。

## 外婆家的鄰居，曾有人被犬神附身

以前我也講過這件事，那就是外婆家的鄰居，好像曾有人被犬神※附身。

以前，由於外婆家是「庄屋」，負責管理佃農。到了要給官吏上繳年貢的時候，每家每戶要交多少，都是外婆家負責管理，用現代話來說或許就相當於村長。因為工作的關係，也就自然成了照顧鄰里的角色。

我曾去過幾次外婆家，左邊鄰居是一家醬油店，外婆曾說那家醬油店的老闆娘「被犬神附身了」。

雖然「阿波的犬神」相當有名，但沒想到，在我老家的附近就有被犬神附身的人。

人們都說「如果去他們家吃一頓飯，就會有犬神跟著你回家」。確實曾經有人和家人一起去醬油店老

※ 犬神　會附身於人的一種存在。據説，被犬靈附身會遭遇災禍，這種説法在西日本廣為流傳，也有起源於四國的説法。其中，德島縣被視為可能性最大。

闆娘家，吃了一頓飯，然後回到自己家，夜裡就開始發燒。

而且有趣的是，早上一看，竟發現身上出現齒痕，脖子、手、腳，都留下了像是被狗牙咬過的痕跡，那是一種肉眼明確可見物證。

就像這樣，在母親的娘家，大家都在傳「隔壁鄰居被犬神附身了，千萬不能去他家吃飯」。

除此之外，我還聽過另一件類似的事。

位於我出生的老家川島町，在我家隔壁第二間房子的女主人，也被人說是「犬神附身」。

雖然那位女主人現在應該不在那裡了，但在當時，若是帶著嬰兒拜訪她家，那位夫人就會一邊說「哎呀，真可愛、真可愛」，一邊用牙齒咬孩子的手腳和臉蛋。因此，才會被人說是「犬神附身」。

或許這樣的人還挺不少，也不知道哪一個地方才是發生的源頭，但被犬神附身的人家，至少我自己就聽過這麼兩處。

在川島町，被人們說是犬神附身的人，據說在穿過川島神社的鳥居以後，就會開始四肢著地爬行。雖然不知川島神社是否具有如此法力，不過當時就是有著如此傳言。

外婆家的所在地，在當時德島市內，一個叫做藏本的地方附近，似乎在藏本車站前一帶。

若是不小心「把隔壁醬油店的犬神帶回家」，就「必須將其驅除才行」，那該怎麼做才好呢？據說要撿拾那一家屋簷導水管雨滴落下處的石頭，把這些石頭放在火爐的金屬網上用火烤。

如此一來，隔壁的太太還是婆婆，總之就是醬油店的女性，就會一邊叫著「身體被火烤了，好痛啊，好痛啊」，一邊在地上打滾，還會嘟囔著說：「這一定是誰在搞鬼。」

我的外婆也曾祕密地進行過「驅除犬神的儀式」，實際上她也曾經如此這麼說，所以我不禁覺得外婆是不是擁有一些念力方面的超能力。

## 盂蘭盆節時期，地獄之門大開

在我外婆過世之後，雖然請了真言宗的和尚舉行了法事，但那位和尚沒有法力，似乎沒什麼效果。

也因此，我在一年後的盂蘭盆節回鄉時，發生了這樣的事。

不曉得是在法事結束後，或正好是在那段期間，本來很健朗地為我們準備晚飯的母親，突然開始身體不舒服，全身冒冷汗，大口大口地喘氣，然後倒在沙發上像是發燒了。

如果只看現象的話，一般會覺得這就是心律不整，或是心律不整再加上什麼併發症。

父親說「我來幫妳驅魔」，就拿起經書還是什麼的開始出聲朗讀，不過完全沒有效果，於是我就說「還是讓我來吧」，我一試著說話，就發現確實有靈在附近。

我心想「把他叫過來談談吧」，於是靈就進入了我的身體，一對話才發現來者是一年前過世的外婆。

在盂蘭盆節，向已經亡故約一年的人問話，是我人生的初次經驗。問外婆為何會前來，外婆便明確地說：「地獄裡面的鬼們，就像監獄或是以前大牢之類的獄卒，會在盂蘭盆節的時候放假，只有在那個時候，大門的門閂會打開，我們可以出來。只不過，這僅限於盂蘭盆節期間而已，當節日一結束，就必須回去。這次盂蘭盆節期間地獄之門打開，所以我就跑了出來。」

透過這段對話，便了解到雖然外婆已經死了一年，實際上卻還沒有回到天國。

## 外婆無法回到天國的理由

為什麼我的外婆無法回到天國呢？究其原因，這是因為「她的嘴巴比較刻薄」的緣故。

除此之外，她在自己所生的孩子當中特別偏愛年紀小的孩子，當孩子們去看她的時候，她會多給小孩子零用錢，卻幾乎不給大的孩子。由於她這個做法太不公平、很偏心，所以被孩子們討厭。

此外，外婆還有些任性之處。看她在子女們的家來回輪換了好幾處，大家都不願意照顧，最後還直接住進醫院，其任性可見一斑。

除此之外的事，例如她年輕時候如何，我就不得而知了。

關於當年她反對我的父母結婚，疏遠我家這件事，假如我的父母沒有結婚，就不會生下我，或許這也是一種懲罰，我也不清楚。

總之，當時請寺院的和尚來念經，完全無法讓她獲得拯救，是我和她談了之後，對她說妳要改變這樣的思考方式，讓她對生前之事進行反省，大概過了一個小時，就回到了天上界。

就在這麼進行的過程中，原本倒在沙發上看似病懨懨的母親，突然站了起來，一切結束之後，她就像是完全沒事一樣在廚房正常做事。

另外，我還做過一件類似的事。那時候我人在東京，所以是透過電話進行。

對方也是一位具有靈性體質之人，當時此人被惡靈附身呼吸困難，實在沒辦法，我只好從東京用電話幫此人驅魔。

這麼做之後，原本呼吸困難的人，突然就可以從床上起身四處活動了，在醫生來問診前就痊癒了。

過去也曾有過這樣的案例。

# 3 產生怨靈的原因

## 墓地與法事，對死者來說具有一定的意義

前文中，我講了幾個和盂蘭盆節有關的話題。

有些人並不相信靈界的存在，但這些人在死後，會因為靈界的存在而感到困惑，不知該如何是好。這時他們多半只能來到自己子孫的身旁，因此人們不應該輕視盂蘭盆節、供養祖先或法事。

然而，原本經文就具有功德，讀誦經文的導師也必須具備法力，否

則就無法拯救那些墮入地獄之人。只不過，現今的法事大多流於形式罷了。

即便如此，當親人們聚集在一起，擺著遺像，舉行法事之時，靈也會多少明白「自己好像死了」的事實，就這層意義上來說，舉行法事還是具有著意義。

現今，由於人們老後的資金已大幅縮減，對於年金會感到不安，因此在法事、葬禮等方面，有著日漸從簡的趨勢。

此外，關於埋葬，也出現了像是自然葬、樹葬等將遺骨埋在樹木周圍，或者將骨灰撒入大海等，不留下墓地的方式。因為墓地需要花錢，透過這樣的方式也可以一併縮減「墓地」與「法事」的支出。

然而，因為真的會有人在死後感到迷惘，對這些人來說，如果沒有自己的牌位、墳墓，也沒有法事等儀式，讓他們明白自己已經死去的事實的話，對他們而言可說是非常的辛苦。

現代當中有著唯物論傾向的人，估計大約有五成，再多一點的話近七成的人在死後，可能會感到迷惘，不知道該如何是好。

另外，為了貪圖方便，也有將很多人的遺骨集中在一起，一併進行供養的情況，這麼做能不能讓供養之心傳達給每一個人，那就是一個未知數了。

終究還是必須要進行一對一的供養，若是沒有意識到「要為哪一個人進行供養」，供養的意念就有可能無法傳達給對方。

最有效果的，就是用「幸福科學的經文」進行供養。這些經文是用現代的語言書寫下來，內容容易理解，由於話語當中宿有著言魂，所以可以達到供養的效果。

## 不相信靈界存在之人無法驅除怨靈

無論在學校多麼會念書，在高中時被認為非常優秀，大學也常被誇讚優秀，然而提到關於「死後會怎麼樣」的問題，不知道的事情就是不知道。

無論大學入學考試考得再高分，大學裡得到了多少個A，但關於死後的世界，沒學過就完全毫無頭緒。這是因為關於死後世界的知識，不在考試的出題範圍內。當然，這同樣也不在司法考試的出題範圍內，亦不在醫師國考的出題範圍內。既沒人教授這些內容，也沒有考試。

正因如此，人們對此一無所知，只能以非常唯物論的想法去思考。

然而，實際上是人死了之後才重要，宿於肉體中的幾十年時間是「暫時之事」，不宿於肉體的「靈魂時間」反而要來得更長。

雖然人在轉生到這個世界之前，靈性方面可說是完整的，但是宿於肉體生活的幾十年當中，靈性的自覺會因為世俗的繁雜之事而逐漸喪失。並且，當回到靈界之後，會因為無法脫離人世的感覺而陷入迷惘。

當感到迷惘時，自然希望能夠得到誰的幫助，於是就會去找與知名的自殺地點或自宅等「地點」有緣之人，又或者是前往家人、親戚、朋友家、公司等處所，說著「誰來幫幫我」尋求幫助。

然而，事實上，世間之人聽不見靈的聲音，所以無法對此人進行供養。

更甚至，與過去的人相比，現代人在靈性方面的感性已嚴重退化，感知度很差，對靈性之事不甚瞭解。

此外，和尚等聖職者也受到唯物論相當大的影響。有很多人接受的是唯物論的思想教育，僅是讀誦「古文或文言文的經書」。實際上，經常無法達到驅靈的效果。

這實在是非常遺憾之事。與過去相比，不相信靈界存在的人大大增加，所以想要讓作祟的怨靈退散，遠比以前來得困難。

過去人們都知道「人的肉體宿有著靈魂，人死後會變成幽靈，上天國或下地獄」。為此，自己死後會觀察周圍的樣子，若是覺得自己的狀況不對勁，此人就會明白「自己陷入了迷惘」，進而抱持著「想要回到天國」的願望，而去參加盂蘭盆節或法事活動，聆聽德高望重的和尚講經說法。

但現在，無論是和尚還是已經死去之人，彼此都不相信有靈界的存在，雙方都處於「搞不清楚的狀態」，這反而讓情況變得更加困難。

## 產生怨靈的原因為何？

雖然我在年輕時讀過釋尊所講述的佛教教義，但經過了幾十年，累積了一些年齡和經驗之後再讀，我真的感覺到「釋尊當時確實明白很多道理」。

所謂的怨靈，或者是稱為惡靈也行，但既然是被稱為「怨靈」，其作祟的強度就比較高。若是想要加以調伏，就必須要去探究其發生原因。

那麼，原因究竟是什麼呢？

有人認為「這肉體的自己，就是真正的自己」，此人在肉體被火化之後，就會感覺到「自己似乎進入了某種不可思議的世界，到底該如何是好？」或者希望「怎麼樣都好，快來幫幫我呀！」為此，有時就會附身到路過的人身上，就像溺水之人想要抓住浮木一樣。

如果有人掉進河裡溺水了，即使你想要伸手去拯救對方，但若是對方的力道很大，你不僅無法把對方拉上來，甚至還可能讓自己的小船翻覆，自己也跟著落水。在現實當中，也會發生與此相同的狀況。

又或者，此人為了讓人們知道自己正陷入迷惘，進而在世間興起各種不幸之事。譬如，家裡的人相繼生病，或者是家人的死亡方式，是和接連好幾代的死法相同。

在那些經常出現自殺者的家庭中，有些是三代人都以同樣的方式自殺。或者是，家人都同樣死於火災，或罹患同樣的疾病死亡，一而再，再而三地上演悲劇。從醫學的角度來看，罹患同一種疾病死亡，或許會解釋為「基因遺傳的問題」。

但從靈性的角度來看，這是由於被疾病亡故之人附身，身體才開始出現與其相同的症狀。被罹患癌症而死亡之靈附身的話，身體就會開始出現癌細胞或者類似癌症的症狀，其他的疾病也是如此。如果長時間被附身的話，此人身體就會出現病灶。

由於是「心念」致使肉體開始產生變化，因此必須將此「心念」去除，但現在能做到這件事的人，卻是鳳毛麟角。

完全不知靈界的存在，在這世上活得快樂，雖然有時也是好事，但若是因為意外事故或犯罪而死亡，或者是在自己始料未及的情況下，留下孩子提前離開人世，或是留下另一半突然死亡時，因為不知何謂靈界，完全沒有「束手無策」，有時就會陷入迷惘而去找家人。

然而，能對那樣的人說教，使其回到天國之人，現在幾乎都不存在了。

# 4 為了不讓怨靈產生，該如何加以拯救？

## 若不告知「靈性的真相」，則無覺醒的機緣

考慮到如此情形，雖然幸福科學的各位都拚命努力地工作，讓本會變成了大教團，但我仍舊必須要說「距離理想還相差非常地遙遠」。

我的說法講演，也並非是全日本一億兩千萬人都聽過，即使是信眾，亦是一部分人聆聽。此外，我在早期出版書籍時，經銷商曾斷言「宗教書不可能賣超過一萬本」，即便出版之後也不會有人氣。現在雖

然每本書僅賣出了數萬本，但人們都感覺我的書賣得很好。

然而，現實上不能因此便滿足，如此「靈性的真相」必須要傳播到家家戶戶、傳遞到各個角落。否則，就沒有讓人「覺醒的機緣」了。

至少，如果那些已經死去的人，在生前讀過我的幾本書、讀過一些靈言，此人應該就會明白「或許書中所說的世界是存在的」、「究竟是根據何種理由區分出天國與地獄」。

這些線索，以不同的形式記載著於不同的書中，只要有一點點進入了人們的腦袋，此人死後便能客觀地看見「自己所處的世界，究竟是何處」、「自己好像來到了不太妙的地方啊」，也就會明白「自己要是沒有某種覺悟，就不能進到天國」。

幸福科學的職員和各位信眾，或許會認為「自己一直都非常努力地在工作，應該足夠了吧？」但是，本會的教義根本還沒有傳遞到社會的每一個角落。也因此，每年才會出現大量的無法回到靈界之靈。

雖然盂蘭盆節是鐵路和航空公司賺錢的時機，不過實際上盂蘭盆節時所舉行的供養儀式，大多無法拯救亡靈。

## 唯有正確的宗教才能拯救死後陷入迷惘之人

如前文所述，家母有一點靈性體質，只要靈一靠近，馬上就會有所反應。但即便是沒有那麼敏感之人，或許回去老家參加法事之後，也有可能會帶著「某人之靈」一起回家，然後發生孩子生病、家庭不睦等等不好的事情。

然而，透過家庭不睦、生病、事故等等不好的事情，可以讓世間之人意識到「這是不是有點不對勁啊？該是去寺院、廟宇或是靈能者的地方，拜託處理一下才行」。

因此，我才一再反覆地說「不可輕視宗教」，希望人們能夠銘記宗教之所以做為公益法人的理由。

有太多人死後陷入迷惘，無法獲得拯救。政府和學校不會拯救他們，誰也無法拯救他們。

能夠予以拯救的，就只有宗教。

然而，宗教當中既有「詐欺犯創造的宗教」，也有「教祖下了地獄的宗教」，有眾多的假宗教，若是信了錯誤的宗教，完全無濟於事。

正因為如此，正確的宗教就更必須將教義廣布出去才行。如果不能真正地廣布至每一個角落，就沒有意義了。

雖然我認為幸福科學的各位一直以來非常努力，但還有太多的地方沒有廣布出去。我寫的書籍，哪一本都行，只要是把你自己能讀下去的書，哪怕僅是送出一本也沒關係，哪怕是請對方前來聆聽一次的講演會也可以，或者是法話學習會也可以。只要看過一次，就能和幸福科學結上拯救之緣。因此，希望各位不要輕視「傳道」。

雖然把書送給對方很重要，但是在送書之後，還要確實確認對方是否讀了那本書。詢問對方「讀了嗎」，若對方回答「還沒看」，就必須要想辦法讓對方閱讀。如果對方說「已經讀了」，那就要前往對方在的地方，和他稍微聊一聊書中相關的內容。倘若不能反覆做到這種程度，就無法拯救他人。此外，今後還會大量出現無法返回靈界之靈，真的是難以加以拯救。

## 從唯物論、無神論的國家中，不斷增加向地獄供給的人口

我在眾多講演會或政治方面的說法中，對中國說了嚴厲的話語。有很多人在工作上和中國有貿易往來，想必有人會認為「若是和中國的貿易關係變差了，公司經營會出狀況，國家也會變得困擾，所以希望不要把事情鬧大」。也有人會說「為何要說那麼嚴厲的話？這樣不就是會刺激到對方嗎？」

但是，之所以我會講述那般嚴厲的話語，是因為中國將唯物論和無神論奉為國家方針。中國在私底下存在著宗教，也延續著某些傳統習

俗，然而那一切就國家層級而言不予以承認。正因為完全不予以承認，當宗教開始形成某種勢力的時候，就會對其進行鎮壓。

活在那般將唯物論與無神論奉為國家方針的國家裡的人們，死了之後會變成怎樣呢？或許在形式上會舉行葬禮，但是因為「整個國家都不相信有死後世界的存在」，所以會大量出現無法獲得拯救之人。如此一來，向地獄供給的人口就會劇增。

此外，和中國有來往的國家，有些也會漸漸被同化。

認同有神、佛的存在，認同死後還有著靈魂，真的是非常重要。此外，希望各位知道，如果認為「活在世間的肉體就是自己」，那麼死後就會陷入迷惘，無法進入天上界。

## 瞭解「靈性的人生態度」，即可防止怨靈的產生

包含佛教等眾多宗教，大多有著「戒律」，仔細觀察就會發現，制定那些眾多戒律，最終是為了當人離開肉體之後，不要出現執著。

因此，佛教的教義也教導，不可對家人過分執著。此外，還有眾多教義講的是不可對異性執著、對金錢執著等等。

的確，在這個世上，人們為了生存必須工作賺錢，這個原理非常重要，工作本身也很重要，但宗教之所以述說不可對金錢執著，原因是金錢完全無法通用於死後的世界。無論你累積了多少財富，也無法使自己所犯下的罪過獲得原諒，金錢在死後是無法派上用場的。

此外，在異性問題方面，人們會因為異性而在這輩子感到幸福或不

幸，但是人在死了之後變成靈體，那些也都無關緊要了。人一旦變成了靈，就算男女抱在一起也無法碰觸到彼此，在世上因性欲所帶來的歡愉也會跟著消失。在地獄當中雖然有著男女持續交合的地方，但是在那裡無論如何都無法獲得滿足。也就是說，在沒有肉體的狀態下，不可能會滿足。

在歌舞伎町等用金錢交易男女關係的風月場所，會聚集著很多靈，附身在活人身上。靈只要附身在來此尋歡之人的身體上，就可以多少體驗到某些感覺。因此，到那些風月場所，往往就會把某些靈「帶回家」。

這就是悲哀之處。這跟活著的時候的地位、身份、學歷、收入、家世完全無關，也跟是政治家、官僚、學者、老闆等等也完全無關。

人死了以後，結果與佛教所說的幾乎相同，也就是「世俗的生活、執著於肉體的生活都是虛假的，脫離肉體之後就是『空』或是『無』」。

此外，「以肉體為中心的思考方式」之外，尚有另一種「車子的司機是自己，但車不是自己」的思考方式。若是車子壞掉了，那就等於是「死了」，但司機並沒有死，還會過接下來的生活。

因此，各位必須要了解到「靈性的人生態度」。在本會當中，教導著眾多「該如何度過靈性人生」的教義。

明白這一點非常重要，這不僅可以預防自己變成怨靈，在他人變成怨靈之時，也可以用此來加以訓諭、對抗。

## 地上界與地獄界密切相關

幸福科學所說的內容雖然很單純，但因為持續出版了眾多書籍，或許會有人認為「怎麼可能讀得完那麼多的書」。但是，我未必是想要求人們全都讀完。因為世間之人有各自關心的領域，所以只要出版了此人感興趣的書籍，此人就會加以閱讀。

然而，對於守護靈系列的書籍，常有媒體之人認為「那些大概都是在研究此人的事蹟之後，才寫出來的吧！」但事實完全不是如此。每一個守護靈的個性皆不相同，並且我還出版了眾多我沒有實際見過之人的守護靈靈言書，那根本完全不可能光靠創作杜撰得出來。

單單是了解到有「守護靈」的存在也可以，只要知道有「靈的存在」，屆時就會有所不同。當回到靈界的時候，若是說著「快來幫助我」，即能呼喊出自己的守護靈。總之必須要擴大和人們接觸的面積，盡可能地讓人們有獲得拯救的「機緣」。

日本的神道，已經變成只有形式，幾乎無法讓人獲得拯救。現在的神道大多只能讓人們在新年之際，去神社祈求實現自己的世俗利益。

此外，關於佛教，如前文所述，在佛教大學等地，幾乎都教導著唯物論、無神論的內容。雖然會教導如何以漢文朗讀經文、如何以毛筆書寫經文等等賴以維生之術，但現實上，有太多人根本不具備「拯救力」。

神社的神主也沒有那般力量，雖然過去陰陽師曾盛行一時，現在也有陰陽師，不過卻已經變得非常邊緣化。即便有時電視會播放關於靈能者的節目，但有很多人根本不相信。實際上人們認為，若是太過於在意那些東西，會讓自己的腦袋變得奇怪。

就像這樣，人們認為「過好世間的生活才重要」。但是在死後，世俗家族之間的生活、公司的生活，全部都會消失。消失之後，你的心將做為實體持續存在。

對此完全不了解的人，就會變成古時候人們所說的亡靈，徘徊在墓地附近，持續徬徨在世間。

地上界與地獄界密切相關，地獄界是地上之緣而出現，所以為了降低前往地獄界的人數，減少地獄界的範圍，就必須在地上廣布教義，好好地端正人們的想法才行，必須要教導人們不可以墮入那般惡道。

因此，請各位務必要知道，無論如何廣布幸福科學的教義，都沒有足夠的一天。如果僅是認為「只要維持教團的生計就好」、「只要讓相信之人的家業繁榮、家人的疾病痊癒就好了」的話，那麼就信仰來說，那就非常膚淺了。我必須要說，各位必須要抱持更大的使命感才行。

**與「天變地異」、「讓人誤入歧途之物」對決，亦是宗教的工作**

至今所論述的內容，是關於人靈陷入迷惑之際，應如何對處的方面，大部分的人都會變成那樣。

但是，除此之外，在靈界當中存在著作惡之人，用以前的話來說就是「妖怪」，他們會使人陷入迷惑、引發各種靈異現象。那些死後長久墮入地獄之人，甚至千年以上一直都在地獄的人，大多已經開始成為「惡魔的夥伴」。

這些存在被稱為「魔王」、「小魔王」等等。這些無法再度變成人類的存在，有些依他們心中所想的變化姿態，既有人變成了「妖怪」，也有人變成了「鬼」，還有人變成了「惡魔」。他們幾乎放棄了自己做為人類再次轉生的機會。

要是和這類存在心靈相通的話，如同前文所述，一開始死去之人會出來作祟讓此人陷入迷惑，漸漸地就會出現更多讓此人更加陷入困惑的存在，進而讓此人好似坐上雲霄飛車般墜入深淵。這些「妖魔鬼怪」，甚至能掀起讓國家陷入混亂的風浪。

因此，只要讓這個世上發生不幸，就會增加許多前往地獄之人，進而就能大量擴張地獄的領域。

此外，在舉行本章說法的兩天前（二〇一九年八月七日），日本淺間山發生了火山爆發。雖然沒有釀成大事，但如果是突然噴發大量熔岩，讓數千人喪生，恐怕人們沒有做好心理準備吧。人們在如此情況下死亡，沒有那麼簡單就能返回靈界。

過去義大利的龐貝城發生的火山爆發即是如此。人們剛做好的飯菜等等，眾多東西都直接炭化，遺留下了遺跡。當時人們還活在日常生活中，一瞬間就被火山灰給掩埋了。要為這些人進行死後的引導，是非常艱難的工作。

對抗這種國家等級的「天變地異」、「災害」即是宗教的工作。此外，當惡魔瞄準了具有影響力的大人物，譬如首相、總統、大公司的老闆、具有影響力的思想家、醫生、學者等等，想要「引導他們走向歧途」之時，與這些惡魔對決亦是宗教的工作。

第三章

# 看破惡魔的真面目之法

2011 年 1 月 10 日 説法
於千葉縣幸福科學千葉佐倉支部精舍

# 1 必須準備好「惡魔對策」的理由

本章以「看破惡魔的真面目之法」為主題，或許有些人會覺得這個主題有點嚇人。

幸福科學的信眾是另當別論，若是向一般人講述這個主題，想必會感到害怕，或許不願意聆聽。然而，這其實是非常重要的主題。

現今，本會正推行著各式各樣的活動，當我們強力地推動救世活動時，勢必會出現妨礙勢力。那般妨礙勢力的主角，就是在暗地裡活動的惡魔。

因此，為了要強化救世運動的推展，就必須要準備好「惡魔對策」，這並非僅是出自於好奇說說而已。

# 2 惡魔究竟是何種存在？

## 惡魔專門攻擊人的難處和要害

我想各位鮮少遇過惡魔或與其對話的經驗。如果是幸福科學的信眾，或許曾透過公開靈言的影像等，看過我叫出惡魔，直接與其對話的場景，想必那是讓人感到訝異的存在。

我在三十多年前大悟，但說到大悟，在佛教當中，有著讓學者感到難以理解、不可思議之處。那就是關於釋尊的「降魔成道」。

當年釋尊出家後，三十五歲時在巨大的菩提樹下降魔，獲得了大悟。不過閱讀佛祖的傳記就會知道，明明釋尊已經大悟了，但在他之後的人生，惡魔仍多次出現。換言之，人們會感到疑惑：「既然釋尊已經降魔開悟了，為何在他的一生當中，惡魔仍舊前來糾纏呢？」

比方說，釋尊涅槃的三個月前，出現了名為波旬（Mara Papiyas）的惡魔。當時釋尊說「我在三個月之後才涅槃，現在還輪不到你說話」，進而把惡魔趕走了。這個故事說明了，釋尊終其一生，都被惡魔當成目標。這就是讓佛教學者感到不解之處。

然而，對此我十分明白其原因。

當教團推動傳道活動的時候，有時會遭遇難關或緊急的狀況。就惡魔來看「在此時此刻於那個地點，加以進攻的話，或許就能讓活動停止下來」，又或者是「也許能使其崩潰」。

像是在那般時刻，惡魔就會瞄準「難處和要害」出手。只不過，就某種意義上來說，這和「鯉魚躍龍門」頗有相似之處。當鯉魚遇到了瀑布，想從那裡逆流而上就會很困難，然而一旦越過了這個困難，就可以躍升到更高一點之處，來到視野很好的地方。

推動傳道等活動時，有時會出現多處需要越過瀑布的局面。每每遇到如此局面之際，惡魔便常常會以各種不同的姿態現身。

因此，與其把惡魔完全看成是「敵對者」，在某種意義上，倒不如把他們當成「提醒我們已經進入危險地帶的警示」。甚至有些時候惡魔是在告訴我們「這麼下去可不行」、「必須要有所革新」。當我們必須要做出改變之際，也就是說我們必須要在想法、組織、行動的模式做出變革之時，惡魔就會出現，試圖動搖組織。

從一九八六年教團成立以來，如此情形一直都是反覆出現，但如今教團已經發展得越來越強大，不會那麼輕易就被擊垮。

這是一個從更大格局來說的見地。

## 惡魔體現出人所抱持的「欲望」

但是，從個別情形來看，惡魔會覬覦某個個人，進而附身在此人身上，如此行為非常地惡質，令人厭惡。此時，此人所持有的令人厭惡的個性，經常會一口氣全跑出來。

那麼，惡魔會體現出人的何種性質呢？

首先，人必定有著「欲望」。然而，自己所想的欲望和他人眼中的欲望，有時會有不同之處。即便他人是這般看待那欲望，但當事人經常不是那麼思維。

譬如，某人想要「擴大企業規模」，當然有一種情形是此人真的想要為了世間，進而想要擴大工作的範圍，但也有另一種可能是此人想要擴大自己的社會權力、地位、名譽，僅是為了滿足私欲。每個人的主觀如何想是因人而異，但在旁人眼裡則是看得清清楚楚。

就像這樣，人們未必明白「現在自己究竟是走在前往天國的路上，還是通往地獄的路上」。不管怎麼說，人一定有著欲望。

## 無法光憑「腦袋的好壞」來判定是否為惡魔

此外，還有一點容易讓人們誤解。由於現代是高學歷社會，或許人們會認為「越是接近天使、神的人就越聰明，越是下層階級的人就越不聰明，前往地獄的人的頭腦就更是不好」，但其實並不盡然。

在天使當中確實有眾多頭腦很好的人，但惡魔的頭腦也是差不到哪裡去，只不過那是一種「狡猾」的聰明。

譬如，黑道集團的老大很會跟他人進行交涉，頭腦可以說得上是非常靈活，一般的善人很容易就被他們耍得團團轉。他們很會用詐欺的話術，詐騙他人匯款，騙取他人金錢、使他人掉入陷阱。從世俗眼光來看，就某種意義上來說，他們的確很聰明。

若是掉入流氓的邏輯，就會讓人上鉤。在某種意義上，他們很會嘴上工夫、議論，讓人不知不覺落入圈套。這與「惡魔的手段」十分相似。

如果是以這種形式設陷阱騙人的話，譬如，進行宗教活動時從中搞破壞，這是很容易就能做到的。

因此，未必能以頭腦的好壞來判定是否為惡魔。

# 3 惡魔瞄準的關鍵點

## 「抱持邪心的掌權之人」容易被惡魔盯上

實際上，頭腦聰明的人容易被惡魔附身。

因為一般來說，聰明的人更容易出人頭地、掌握權力，惡魔認為「只要利用此人，就能擁有強大的力量」，進而就會盯上此人。因此，若此人內心存有邪惡的部分，惡魔就會趁虛而入。

在描繪基督教惡魔的系列電影「天魔」（*The Omen*）中，相當於惡魔化身的主角戴米安，不僅搶了大財團的主席地位，還成為美國駐英國的大使，試圖進入政界。

就像這樣，惡魔意圖掌握世間的權力，擴大自己的勢力和支配範圍，而財經界、政治界的人士也並非皆是善人，有時這些人就會被惡魔附身。

即便對外是一個能言善道之人，但若是此人其實是有著欲念，內心盤算的是其他事情的話，惡魔就會藉此趁虛而入。

## 惡魔會盯上人們「最重要的東西」

此外，惡魔還有一個令人厭惡的地方，那就是他會盯上人們「最重要的東西」、拿走擔保，藉此來讓人動搖。

若問惡魔要讓人動搖什麼，那即是「信仰心」。

譬如，深愛的孩子罹患重病，父母日夜祈禱，但孩子最終還是死了。經歷如此經驗的家人，或許就會因此捨棄信仰。

此外，基於信仰的理念而成立的企業一直兢兢業業地經營，但由於美國爆發經濟海嘯，企業因此破產，這位企業主也可能會就此捨棄信仰。

又或者，明明非常努力地工作，夫妻的某一方卻死了，或是親子之間一直不斷發生紛爭。

觀察這些例子就會發現，讓人很意外的是，不具影響力的人很少會發生這樣的事，但是當一個人開始有著力量、開始活躍，或者是具有活躍於世間的強大潛力，惡魔就會讓此人產生「迷惑」，進而趁虛而入。

並且，不只是此人本身，就連此人周遭之人、能對此人直接產生影響之人，惡魔也不會放過。換言之，惡魔會從「家庭中最薄弱之處」下手，進而動搖人心。

譬如，如果有一個人非常孝順，那麼惡魔只要瞄準他的父母，就可以動搖孩子的信仰。這一點，也適用於其兄弟姐妹。兄弟姐妹當中，當然每個人對佛神的信仰心強弱各有差別，惡魔會找最弱的那一個下手。如此一來，家裡有虔誠信仰之人，反而成了讓家庭不睦的罪魁禍首。

就像這樣，惡魔會搞出各式各樣的問題。

## 被惡魔附身時會聽到的「聲音」

除此之外，日本每年有超過兩萬人自殺。不能說自殺者全部都是相同的理由，即便自殺的理由各有不同，但是應該有非常多的人是遭受了惡魔蠱惑。

當然，有很多人是遭逢了人生的苦楚、煩惱、挫折進而自殺，而且惡魔也有小惡魔、中惡魔的各種等級之分。

但是統計迄今為止我所經歷之事，我發現當人被惡魔附身之後，若惡魔的靈力較強，被附身之人的念力、意志無法與之對抗時，此人就會聽見「我要殺了你」、「去死吧」等聲音，如此情況非常地多。

自殺案例幾乎都是如此，但試著理性思考之後，就會知道那些聲音不可能是守護靈或天使的聲音。

然而，現實中確實有人能聽到那些聲音。若是到醫院的精神科走一趟，就會發現有許多這樣的人，眾多的惡魔「藏匿」其中。此外，有些入監服刑的人，或許在回到一般社會後，會萌生想要殺人的衝動。

在那個時候，他們的腦海當中會聽到「殺了他」的聲音。「殺了他」、「這傢伙是壞蛋」、「一定要殺了他」，一旦聽到這樣的聲音，有時就會發生連續殺人事件。

如此情況，時常被人稱為「被惡魔附身」，而事實正是如此。犯下重罪之人、殺人之人，或是聽到「去死吧」的聲音進而自殺之人等等，終究有很多都是被相當兇惡的惡魔附身。要驅除這樣的惡魔，沒有那麼簡單。

## 惡魔容易纏上「家人」的原因

雖然被惡魔附身的人，其內心肯定抱持著某些想法，才會吸引惡魔前來，但事情多半不只那麼簡單，其中大多還有其他間接的目的。

如前文所述，藉由出現那些行為舉止變得奇怪的人，其他人就無法正常地進行活動，惡魔常會鎖定薄弱之處下手，動搖人心，這就是恐怖之處。

譬如，一對夫妻，妻子活躍於幸福科學的活動當中，或者是擔任支部長，那麼惡魔有時候就會附身於丈夫身上，所以必須要特別小心。

起先，惡魔會從「愛情」或「小小的占有欲」方面下手，接下來就會讓先生萌發「嫉妒心」，進而想要扯妻子的後腿。惡魔就是會如此鑽入家中，讓家庭出現狀況。

雖說骨肉至親都是建立在愛情之上，然而一旦有家人進入了信仰的世界，有時其信仰之路未必能走得順遂。有時外人可能比骨肉至親，能做出更正確的評價。

譬如，有一位丈夫或者是太太擔任支部長，假設此人在支部舉行擊退惡靈等祈願。對此，這位支部長的家人大多會覺得「我媽媽舉行的祈願不可能有效」，家人可能會認為「這簡直就是浪費錢，那種祈願不可能有效，惡魔不可能因此消失」，但是外人不會這麼認為。

外人會認為「那位支部長，比一般人還要優秀，所以她所舉行的祈願會很有效果」，但家人卻只會認為「周遭的人們是不是被騙了？」因此很意外地，惡魔容易會纏上家人。只要支部長的意志被家人動搖，就會變得難以推動活動。

若是完全無視於「眼所不見的世界」，僅著眼於「世俗之事」，畢竟人的時間有限，能做之事也有限、金錢也有限，若是以世間的常識、理性看待宗教之事，經常會感覺到有許多地方不合理。

## 惡魔之手也會偷偷伸向「唯物論」的學者及僧侶

比方說，驅魔師之類的電影當中，醫師或記者等等，基本上都會先表現出「懷疑」的態度。「或許因為你是神父才如此相信，但是在看到證據之前，我是不會相信的」，之後必定會發展成一連串的爭論。

現今，應該有非常多這樣子的人。

有一些大腦科學的學者，會就大腦的生理學者的立場出書，或者是上電視節目。這些人，不願意相信魂或靈之類的東西存在，而是將一切都歸結於大腦的機能。明明他們沒有看過靈魂，卻用「大腦就像一台萬能機器，可以掌管一切」的說法，將有關靈魂的一切歸結為「全是大腦的錯覺」。

還有更加惡劣的人，既是研究大腦的學者，又具有僧侶的身分，隸屬於某個傳統宗教，但另一方面，此人卻到處宣揚：「靈不存在，靈界不存在，談論這些的傢伙，都是詐欺、騙子。」世間當中真有這種人，不僅出書，還上了電視。

這一類人，惡魔正可以輕易附身。也就是說，他們在「從事破壞宗教的活動」、「變成惡魔的走狗」。

從世俗來看，他們的頭腦並非不聰明，單純僅是抱持著「邪見」。也就是說，他們認為「人沒有靈魂，活著全憑大腦機能運轉，所以死了就什麼都沒了」。打從他們最初「深信不疑」的地方，就開始錯了。

在如此狀態下，無論多麼努力學習都沒用。假如弄錯了最根本的東西，那麼無論在這之後積累了多少東西，都沒有意義。即便把車給分解了，也無法看出創造這台車子之人，最初為何要創造這台車子的意志。所以說，光是分解車子是沒用的。

授予那些主張「不相信靈界，不相信靈的才是佛教」之人神職身分的宗教，真的是很讓人頭痛。實際上，惡魔都會悄悄把手伸向這些積極妨礙宗教之人。

## 「傲慢」與「狂妄」是惡魔潛入的入口

當然，即便是唯物論，在醫學、工學等領域確實十分有用，因此我並沒有要全盤否定的意思。

實際上，打個比方來說，人體如果不攝取某些營養成分，身體就會出問題，反之，如果對於某種物質攝取過量，身體也會出問題。現實就是「如果不改善體內嚴重偏離標準值的部分，身體就容易生病」。

終究我認為這並非僅是一個「奇蹟會不會發生」的問題，而是要時時檢視「平日你是否過著合理的生活」，這一點極其重要。我並沒有打算否定現代醫學，醫學也有其用處。

但是我認為，一個人若是對於「自己不明白的領域」，皆以全盤否定的方式去思考，那就是一種傲慢的表現。

就這層意義上來說，「傲慢」和「狂妄」就會成為「惡魔進入的另一個入口」，或者說當缺乏謙虛時，惡魔從會就那裡潛入人心。

至今，我曾多次與惡魔對抗，其中最艱難的情形，就是要讓惡魔從「強烈狂妄」的人身上離開。想要從認為「自己是非常特別的人」身上，將惡魔抽離，真的是非常困難。

如果此人是一個謙虛之人，那麼要將惡魔抽離就不會那麼困難，要趕走惡魔是輕而易舉。這是因為謙虛的人會進行反省。如果此人具有反省的習慣，就能把惡魔從他身上趕走。

然而，有些人是無法反省的。這種人的自我非常強大，起因是從「傲慢」或「狂妄」而來，有許多問題都是從此處而來。

## 「欲望強烈之人」與「怠惰之人」也容易遭惡魔侵入

此外，還有一種欲望強烈的人，對這世間的各種事物，都想馬上拿到手。在公司當中，這類型的人就是「看到可以從中撈到很多好處的差事，馬上就會搶過來做」、「為了取勝，不惜踢掉對自己不利的競爭對手，並且想辦法贏過、擊潰競爭企業」。

這種人的內心當中，具有一部分「容易被惡魔影響」的素質。

譬如，在商業中有一種行為叫做M&A（企業間的合併收購）。當然，或許不能說所有的企業都是這樣，但有些企業在做決策時完全不考慮被收購一方公司的職員，以及是否能夠將好產品賣出去，而是只因為「現在價錢合適，將來升值空間很大」就買入一間公司，當「一旦升值了，就馬上脫手，只要賺錢就好」。

就世俗的觀點來看，這些企業家很聰明，善於賺錢，但惡魔必定會侵入這些人。

也就是說，就像玩金錢遊戲一樣，操縱著龐大流動資金的華爾街金融菁英中，存在著惡魔可以介入的空間。

從這層意義上來說，僅是「頭腦聰明」、「善於賺錢」，未必就能將一切合理化。惡魔終究會因此人的「強烈欲望」而輕易地侵入於此人身上，也會侵入至從世俗來看的優秀之人身上。

當然，與此相反，那些從世俗來看，總是偷懶、怠惰、找藉口、愛發牢騷、總是在睡覺的人，也容易被惡魔附身。

當然，不能說「這全都是不好」。有些人是在夜裡活動或工作，在白天睡覺。也有些人是在休息日不起床。

然而，被認為是怠惰的人都容易受惡魔影響。這樣的人在遭到批評時，就會找藉口、發牢騷，這是因為他們的「自我保護欲」過強所導致。

# 4 「驅除惡魔」的必要之事

## 何為「能成功驅魔的條件」？

就結果而言，「除魔」也就是「驅魔」，只要有著屹立不搖的信仰心，基本上都會成功，大多都將惡魔趕走。

在幸福科學當中，有「驅除惡魔」、「驅除惡靈」、「治療疾病」等不同的祈願，不管是在精舍或支部，只要堅定地抱持著愛爾康大靈信仰，遵循儀式或修法來進行祈願的話，都會相當地有效果，發揮出驅除惡魔或惡靈的力量。

然而，如果沒有確立信仰的話，力量就會變得薄弱。所謂的「沒有具備信仰心」，並不僅是「沒有具備」這麼簡單而已，這還意味著「實際上，此人正相信著完全相反的理論」。

也就是說，這等同於此人將自己置於惡魔或惡靈的領域之內，所以自然無法將他們驅離。

譬如，若是此人開始說著「或許幸福科學的教義當中有不錯的內容，愛爾康大靈或許也很偉大，但不是發生了這般問題，又發生了那般問題？不是發生了很多問題嗎？」那麼，修法的儀式就會失去效力。

基本上，此人已經是對方「手下」的一員了，實際上就等於是在信仰惡魔。也就是說此人離對方更近，只要不願意放開對方的手，就無法讓惡靈離開，也因此此人的狀況無法有所改變。

閱讀《聖經》，即會看到耶穌在為病人治病時，總是先問：「汝相信我嗎？」對方回答：「主啊，我相信您。」耶穌便會說：「那麼就如你所願。」於是疾病便因此痊癒。就像這樣，耶穌總是會確認對方是否具備信仰心。聖經當中明確地說著「相信之人才能得救」，這是讓疾病得以痊癒的條件。

藉由信仰，即能與信仰的對象成為一體。因此，相信惡魔的話，結果就等於和惡魔成為一體。這或許就跟黑社會的小弟若是相信黑社會的老大，就會更靠近老大是同一個道理。

在這層意義上，世間的眾多常識與理性，其實有很多與「惡魔的教義」有所關連。希望各位認識到，如果基於那些觀念進行判斷的話，就會讓人產生許多「迷惘」。

## 《佛說・正心法語》與《向愛爾康大靈的祈禱》的威力

那麼，在驅除惡魔時，只要信仰心的根基堅固，基本上運用《佛說・正心法語》※和《向愛爾康大靈的祈禱》※就能夠產生十足的力量。對此，惡魔完全招架不住。播完《佛說・正心法語》的整片ＣＤ，大概是二十分鐘左右，至今為止還沒遇過播完了整片ＣＤ都還無法驅離的惡魔。

但是，若當事人不具信仰心，譬如認為「幸福科學的教義是在說什麼啊」，那麼對此人起不了作用也是沒辦法的事。即便如此，一直播放

CD，也許多少會出現一些效果。

就像這樣，基本上運用《佛說・正心法語》和《向愛爾康大靈的祈禱》就能夠驅除惡魔。當然，請修行更為深入的人來驅魔效果會更好，但在某種程度上，也可自己進行。

透過「學習佛法真理」，自身覺悟的層次越高，驅魔的力量就會越大。

※《佛說・正心法語》 幸福科學的基本經典。僅授予給三皈依誓願者（在幸福科學的三皈依誓願儀式中，誓願皈依佛、法、僧三寶之人）。（右）《佛說・正心法語》，（中）CD《佛說・正心法語》（均為宗教法人幸福科學發行）。

※《向愛爾康大靈的祈禱》 幸福科學的三皈依誓願者限定領受的經文。收錄了進一步加深對地球神愛爾康大靈信仰的經文。（左）《向愛爾康大靈的祈禱》（宗教法人幸福科學發行）。

## 最後就是與「對俗世的執著之心」對抗

「驅除惡魔」的最後，就是與「執著」對抗。

人在這世間當中，終究會執著眾多事物。世界上有許多「好東西」，人們應該有著眾多「不想失去之物」。

然而，如同我反覆地述說，人終有一天必須捨棄世間的一切事物。不管是房子、財產、國債、父母、兄弟姐妹、子女，總有一天都會與你分離。分離之日必定會到來，你會變成獨自一人。

然後，你必會迎來做為一個靈魂前往靈界的時候。無論你和某人有著多麼親密的關係、無論有著多麼重要的事情、無論對某物有著多少執著，終有一天，那一個必須要全部加以捨棄的時期必定會到來。

請你務必做好那般心理準備。

當船開始下沉的時候，就算你心裡再捨不得，也必須要捨棄掉船上的物品。正是因為你想透過交易將那些物品換成金錢，所以才在船上堆積了大量的貨物，但若是船快要沉了，就必須把物品捨棄掉才行。

因此，請你把那些東西全都捨棄掉。

例如，那些讓你感到驕傲的學歷、財產、家世、兒女，美貌、地位等等，或許你有很多讓你感到驕傲的事物，但是，無論是哪一樣你都無法帶回靈界，最後請把這些全部都捨棄掉。

能帶走的只有「心」。而心當中，能帶回去的也只有「正確的信仰心」而已。若是能夠鞏固「最後只能抱持著信仰心，赤裸裸地回到來世」的心境的話，那麼無論任何事物都無法支配你。希望各位務必記住，「人生的最後就是這樣」。

譬如，幸福科學會推薦人們進行各種植福（佈施），但這並非僅是把金錢、財產拿出來而已，請各位務必認識到「這亦是修行的一部分」。抱持著世間一般的價值觀，有著一般理性的人，或者是抱持著和週刊雜誌、報紙一樣觀點的人，是難以做到那些植福修行的。各位必須要知道那是一種「捨棄」的行為，其中蘊藏著尊貴的修行。

換言之，最後就是與執著於世俗之心的對戰。屆時，關鍵就在於你能否徹底相信眼所不見的世界、神佛、靈界。

若是好好地鞏固信仰心，最後就不會落得被關進監獄、精神病院的下場。但是，如果夾在世俗價值觀之間持續痛苦的話，或許就會產生精神障礙。對此，請各位讀者須知。

## 只要樹立「信仰心」，就能開啟未來

此外，我已經給各位眾多足以用來對抗的「武器」。現在已經充分具備了戰鬥之力，請各位務必要樹立信仰心，試著對外傳道。這即是「救世之行」。

在那過程當中，至今沉睡的惡魔會到處顯現其蹤。在公司、鄰居、家人、親戚、學校等關係當中，有時惡魔會抬起頭來，讓人感覺到出現了障礙。但是，對此請各位抱持著堅強的信仰心堅持下去。

只要樹立起信仰心，船頭就會切開水面向前行進，開創出未來。我堅信著一定會如此。

## 5 如何徹底打贏與惡魔之戰？

### 與「破壞之心」相反的是「希望世界和平與幸福之心」

以上，我論述了「做為個人與惡魔戰鬥的方法」。

另一方面，做為教團來說，增加「整體的力量」也很重要。做為一個信仰團體，若是能壯大起來的話，那麼整體的力量就會在「對拯救個人之力」上發揮作用。

我們面對的世界十分廣大，還有很多力有未逮之處，但我希望各位能透過「與惡魔之戰」來提升自己能力。

看到惡魔的時候，或許會感覺對方是一個很強大、陰險、殘忍、具有攻擊性、積極希望他人不幸的存在，也或許會感覺到對方充滿嫉妒心、憎恨心、攻擊心，是一個難以原諒的存在。

然而，請各位基於信仰心，盡可能地創造出「和諧之心」，不要吃下惡魔所產生之毒。當惡魔競相出現作亂之際，務必要保持冷靜泰然，做好該做的業務或聖務。藉由忍耐地往前穩步行進，在不知不覺之間，就會感覺有「順風」推著你往前行。

因此，不要太過於因為世俗之事而感到受挫。譬如，生意做得不順利、孩子不聽話、學業不理想等等，人生當中會出現各式各樣的狀況。

但是，世俗之事未必全部都會如己所願，本來就是如此。如果所有事情都如意滿足的話，那就會變得無法從此世離開。請各位切勿忘記「世間是修行之地」。

惡魔正是執著於這個做為修行之地的「世俗世界」，盡可能地讓人們也執著於世間，把人們封閉於此處，試圖擴大自己的活動領域。

並且，惡魔的活動本質即是「破壞」。他們會在破壞人們、社會的活動當中感到快樂，做為人來說這是最卑劣的心態。因他人的不幸而快樂、見世間有價值之物崩潰而喜悅，這是最低級的行徑。

我絕對不希望人們變成那樣。如果可能，我希望能夠讓世界朝向和平、幸福的未來發展。

為此，但願各位能夠強烈地於己心祈禱。

## 對於被惡魔附身之人的引導之法

「看破惡魔的真面目之法」，這是一個令人感到驚訝的章名，但若是心眼未開，或許就無法那麼輕易地看破。

然而，若是在幸福科學當中認真修行的話，大多就能在喝杯咖啡聊天的過程中，看破此人是否正被惡魔或惡靈附身。

譬如，邊喝茶邊聊天時，試著詢問對方的人生觀，聽對方的回話，再觀察此人的家庭狀況，那麼在某種程度上就可以分辨出此人是被一般惡靈附身，還是被更大的惡魔糾纏著。一個越是站在「具有破壞力的立場」之人，當被惡魔附身之後，就能做出更大規模的壞事，因此可以透過這部分來進行判別。

就像這樣，一盞茶的時間大致就能夠予以看破，因此，當你看出「這是惡魔」的時候，就必須要以相應的信仰心與其戰鬥。屆時，請務必將靈流導引出來。不要孤軍奮戰，而是要從教團內部導引出靈流，並於心中祈禱著「主啊，請與我同戰鬥」，藉由「法語」、「法的話語」來引導對方。

此外，如果遇到怎麼也無法加以驅除的情形，有時只能多花一點時間慢慢處理。有一些情況是無法急速驅離的。

也就是說，此人有此人的週期。有「穩定之時」，也有「激烈之時」，在對方處於激烈的時期去開導，有時反而會適得其反。一天之中，對方也會有偶爾平穩的時候，就是在此時灌輸真理才重要。此外，「為對方著想」的心思也很重要。

總之，被惡魔附身之類的人，不會對自己反省，還會把自己的過錯或不幸都強烈怪罪給他人。正是因為「利己之心」、「怪罪他人的想法」、「埋怨周圍的想法」非常強烈，所以當火焰激烈燃燒起來的時候，沒有那麼簡單就能加以滅火、鎮靜。此時，必須要觀察狀況，隨機引導才行。

此外，還必須要從教團中心導入光流，增加教團的整體力量也很重要。

## 具備不被「世俗常識」打敗的力量

各位至今的「人生常識」，應該大多都是基於世間常識所建立起來。然而，如果遇到了眾多反對的意見，請各位不要感到膽怯。

幸福科學持續發表著於本會當中發生的奇蹟案例，亦有眾多疾病痊癒的例子。

即便你將這些奇蹟案例告訴別人，在這世界當中有太多人會說「沒親眼見過那種事，我不會相信」、「你居然單純到相信這些事，你上當受騙了吧」。此時，若是你心想「哎呀，會不會真的是這樣啊」的話，那就等於你被對方說服了。

然而，對方在說著那些話的同時也未必是帶著全然的確信，大多是先拉起自己的「第一道防線」而已。通常來說，對方僅是想要表達「自己並非是那麼單純之人」罷了，所以各位也不要那麼過於「單純」地予以聆聽。

若是各位信徒的信仰心變得更強，我的力量也會變著更強。

在今後的救世運動中，「與惡魔之戰」或許會變得更為激烈，但願各位能振作己心，取得更進一步的勝利。

# 後記

本書以淺顯易懂的話語，講述了惡魔討厭之事、怨靈的實態、如何看破惡魔的真面目，以及該如何對付惡魔等內容。

切不可小看本書。本書全篇以簡潔的現代語，講述了佛教諸派以莫大的漢文經典，都無法徹底教導人們的內容。換言之，本書是一本「覺悟之書」。

在這個惡魔的力量不斷增強的時代，但願人們能依靠此書，度過人生當中的危機。

此外，即使身體被焚化了，頭腦也沒了，但希望你要認識到，自己必須活在永恆的生命當中。

我是各位的「永恆之師」，要相信為師之言，只管跟著我向前行。

二〇二〇年四月十七日

幸福科學集團創立者兼總裁　大川隆法

HAPPY SCIENCE

# 幸福科學集團介紹

幸福科學透過宗教、教育、政治、出版等活動，以實現地球烏托邦為目標。

## 幸福科學

一九八六年立宗。信仰的對象為地球靈團至高神「愛爾康大靈」。幸福科學信徒廣布於全世界一百多個國家，為實現「拯救全人類」之尊貴使命，實踐著「愛」、「覺悟」、「建設烏托邦」之教義，奮力傳道。

### 愛

幸福科學所稱之「愛」是指「施愛」。這與佛教的慈悲、佈施的精神相同。信眾透過傳遞佛法真理，為了讓更多的人們能度過幸福人生，努力推動著各種傳道活動。

### 覺悟

所謂「覺悟」，即是知道自己是佛子。藉由學習佛法真理、精神統一、磨練己心，在獲得智慧解決煩惱的同時，以達到天使、菩薩的境界為目標，齊備能拯救更多人們的力量。

### 建設烏托邦

我們人類帶著於世間建設理想世界之尊貴使命，而轉生於世間。為了止惡揚善，信眾積極參與著各種弘法活動。

# 入會介紹

**在幸福科學當中，以大川隆法總裁所述說之佛法真理為基礎，學習並實踐著「如何才能變得幸福、如何才能讓他人幸福」。**

**入會**

### 想試著學習佛法真理的朋友

若是相信並想要學習大川隆法總裁的教義之人，皆可成為幸福科學的會員。入會者可領受《入會版「正心法語」》。

**三皈依誓願**

### 想要加深信仰的朋友

想要做為佛弟子加深信仰之人，可在幸福科學各地支部接受皈依佛、法、僧三寶之「三皈依誓願儀式」。三皈依誓願者可領受《佛說・正心法語》、《祈願文①》、《祈願文②》、《向愛爾康大靈的祈禱》。

**幸福科學於各地支部、據點每週皆舉行各種法話學習會、佛法真理講座、經典讀書會等活動，歡迎各地朋友前來參加，亦歡迎前來心靈諮詢。**

台北支部精舍
台北市松山區敦化北路 155 巷 89 號

**幸福科學台灣代表處**
台北市松山區敦化北路 155 巷 89 號
02-2719-9377
taiwan@happy-science.org
FB：幸福科學台灣

**幸福科學馬來西亞代表處**
No 22A, Block 2, Jalil Link Jalan Jalil Jaya 2, Bukit Jalil 57000, Kuala Lumpur, Malaysia
+60-3-8998-7877
malaysia@happy-science.org
FB：Happy Science Malaysia

**幸福科學新加坡代表處**
477 Sims Avenue, #01-01, Singapore 387549
+65-6837-0777
singapore@happy-science.org
FB：Happy Science Singapore

**國家圖書館出版品預行編目(CIP)資料**

惡魔討厭的事：Devil's pet peeves／大川隆法作；幸福科學經典翻譯小組翻譯. -- 初版. -- 臺北市：台灣幸福科學出版，2020.07
136面；14.8×21公分
譯自：悪魔の嫌うこと
ISBN 978-986-98444-8-2(平裝)

1. 新興宗教

226.8　　109009905

# 惡魔討厭的事

悪魔の嫌うこと

作　　者／大川隆法
翻　　譯／幸福科學經典翻譯小組
主　　編／簡孟羽、洪季楨
編　　輯／謝佩珊
封面設計／Lee
內文設計／黛安娜

出版發行／台灣幸福科學出版有限公司
104-029 台北市中山區中山北路三段 49 號 7 樓之 4
電話／ 02-2586-3390　傳真／ 02-2595-4250
信箱／ info@irhpress.tw
法律顧問：第一法律事務所　余淑杏律師

總 經 銷／旭昇圖書有限公司
235-026 新北市中和區中山路二段 352 號 2 樓
電話／ 02-2245-1480　傳真／ 02-2245-1479

幸福科學華語圈各國聯絡處／
台　　灣　taiwan@happy-science.org
地址：台北市松山區敦化北路 155 巷 89 號（台灣代表處）
電話：02-2719-9377
官網：http://www.happysciencetw.org/zh-han

香　　港　hongkong@happy-science.org
新 加 坡　singapore@happy-science.org
馬來西亞　malaysia@happy-science.org

書　　號／978-986-98444-8-2
初　　版／2020 年 7 月
定　　價／360 元

| 廣告回信 |
|---|
| 台北郵局登記證 |
| 台北廣字第5433號 |
| 平　信 |

IRH Press Taiwan Co., Ltd.

台灣幸福科學出版有限公司

104-029 台北市中山區中山北路三段49號7樓之4

**台灣幸福科學出版　編輯部　收**

請沿此線撕下對折後寄回或傳真，謝謝您寶貴的意見！

# 惡魔討厭的事

大川隆法

Ryuho Okawa

DEVIL'S PET PEEVES

台灣幸福科學出版有限公司

## 惡魔討厭的事
## 讀者專用回函

非常感謝您購買《惡魔討厭的事》一書，
敬請回答下列問題，我們將不定期舉辦抽獎，
中獎者將致贈本公司出版的書籍刊物等禮物！

**讀者個人資料　　※本個資僅供公司內部讀者資料建檔使用，敬請放心。**

1. 姓名：　　　　　　　　　性別：☐男　☐女
2. 出生年月日：西元　　　　年　　　　月　　　　日
3. 聯絡電話：
4. 電子信箱：
5. 通訊地址：☐☐☐-☐☐
6. 學歷：☐國小 ☐國中 ☐高中／職 ☐五專 ☐二／四技 ☐大學 ☐研究所 ☐其他
7. 職業：☐學生 ☐軍 ☐公 ☐教 ☐工 ☐商 ☐自由業☐資訊 ☐服務 ☐傳播 ☐出版 ☐金融 ☐其他
8. 您所購書的地點及店名：
9. 是否願意收到新書資訊：☐願意　☐不願意

**購書資訊：**

1. 您從何處得知本書的訊息：（可複選）☐網路書店　☐逛書局時看到新書　☐雜誌介紹
   ☐廣告宣傳　☐親友推薦　☐幸福科學的其他出版品　☐其他

2. 購買本書的原因：（可複選）☐喜歡本書的主題　☐喜歡封面及簡介　☐廣告宣傳
   ☐親友推薦　☐是作者的忠實讀者　☐其他

3. 本書售價：☐很貴　☐合理　☐便宜　☐其他

4. 本書內容：☐豐富　☐普通　☐還需加強　☐其他

5. 對本書的建議及觀後感

6. 您對本公司的期望、建議…等等，都請寫下來。

IRH Press Taiwan Co., Ltd.
台灣幸福科學出版有限公司